반짝이는 별들 속 우리

반짝이는 별들 속 우리

손연우

고혜선

서혜진

김지수

김애자

박영숙

심상현

박시영

홍미영

김민수

차 례

캘리포니아에서 만난
작은 이야기   37
고혜선

첫 봄 53

서혜진

너와 나의 시간 71

김지수

세 개의 보석 83

김애자

마음을 두드리는 시간 103
박영숙

감정의 늪에 잠식되어도 괜찮은 걸까?

심상현

나의 우주에게

박시영

135

아프지 않으려
아프지 않기를······

홍미영

오늘이 있어 참 다행이다 171

김민수

나는 무엇으로 부터 시를 얻는가.

손연우

손연우 카페에 앉아 멍하니 있는 것을 좋아하지만 카페는 잘 가지 않는다. 카페에 가는 상상
을 더 많이 한다. 혹은 누군가와 같이 가서 실컷 수다를 떨고 온다. 가슴에 새긴 별들
중 마침내 하나 헤었다. 편지를 자주 쓰진 않지만, 잘 쓴다는 소리를 종종 들었다. 새
로운 것을 좋아하고, 깔끔한 것을 좋아한다. 건강을 위해서 자주 걷는 편이다.

이메일: yunwoo140@gmail.com

인스타그램: @yunwooson

밤의 햇살

토요일이면
번화가 호수 옆 브런치 가게에는
사람들이 넘쳐난다.
나도 브런치로 식빵 구워 먹었지.

물가 공원에는
사람들이 나무 그늘 길을 따라 걷는다.
어젯밤 뒤척이듯
요리조리 그늘 따라다닌다.

나도 사람들을 따라
요리조리.

그 와중에
아랑곳하지 않는
저 거인의 발걸음을 보라!
뒤척임 없는 저 발걸음을 보라!

이윽고 나무 하나 없는 벌판에 도달하면
나도 거인처럼 걸어야지

오늘 밤도 거인처럼 누워야지
하며 당당히 걸었다.
갑자기 거인이 되었다.

문득
내가 거인 인척 한 만큼
거인도 거인 인척 했을 수도 있겠다 싶다.

남은 치약

화장실 불을 탁 켠다.
불이 확 들어와도
정신이 확 돌아오지 않는다.

슬렁슬렁 칫솔을 들고
얼마 남지 않은 치약을
꾹꾹 짜 본다.
지치고 굽은
손가락

칫솔 끝 비실 발리고
꾹 짜 보고
또 비실비실 묻고

정말 남은 힘을 다 해서
쉰 목에서 소리가 나올 때까지
쥐어짠 끝에
마지막 치약을 칫솔에 묻혔다.

양치를 하고 나서
새 통통한 치약을 꺼냈다.
다음 아침의 나에게
그처럼 힘내라고.

이유

컵을 돌려놓는다.
나는 왼손잡이가 아니다.
그렇지만 컵을 돌려놓는다.

마치 앞에 사람이
오른손잡이인 것처럼
컵을 돌려놓는다.

대단한 이유는 없다.
다만 돌릴 때마다
마주 잡던 엄지와
꼴깍이던 한 모금과
빼앗아 먹고 배시시 웃던 입술이
컵 그림자에 살며시
드리울 뿐이다.

나는 습관처럼
컵을 돌려놓는다.

건너편에
나의 오른손잡이가
지금도 있는 것처럼.

물 웅덩이에서 발이 젖을 때

앗 차거
하는 느낌이면 벌써 늦었다.
엇 찰랑
하는 때면, 발 한가운데에

물이 들어와 있다.

발 끝이 젖고 점점 발바닥으로 이내 신발이 미끌 거릴 때까
지 와 버렸다.

그때까지 아무것도 안 한 나는
그냥 젖은 채로 걸을 수밖에
어서 집으로 가는 수밖에.

출근길이 힘들다.

행복

아!
하는 순간에 오는
머리가 맑아지는 느낌

같은 순간
눈도 너무 맑고
손도 하나로 얽힌 듯 맑고

방방 뛰는 발구름도
맑고
그 바람에 휩쓸려
하늘도 맑고

다시 마주 보고
웃고.

기쁨

오열 종대로 모인
생수 박스 한가운데를
내키는 대로 찢어
걸리는 놈 하나 잡아
따닥 뚜껑을 따서
꼴깍꼴깍 털어 넣고
그대로 구겨서
집어던지니
재활용 페트 모으는 곳.

즐겁다

평지를 걷다 보면 내가 얼마나 강한지 모를 때가 있다. 걷는 것도 힘들지만 나조차도 나에게 시선을 주지 않는다. 그래서 나는 도전이 있는 일을 쫓아왔다. 단순히 걷는 것이 아니라 굳이 언덕길을 오른다. 나는 그때야 내가 언덕을 오를 힘이 있다는 것을 알았다. 가끔은 성공하기 힘들 것 같은 일을 하기도 한다. 대부분을 실패를 하지만, 성공이 중요한 것이 아니다. 절박하게 매달리며 작업을 하다 보면 배우는 것이 많다. 불가능한 것을 가능하게 만드는 힘을 가지게 된다. 걸어 다니는 것이 아닌 헤엄쳐 건너서 도달하는 법을 떠올리는 것이다. 마감이 다가오고 도저히 알 수 없을 때 나는 언덕을 오르는 순례자가 된다. 헤엄치는 방랑자가 된다. 새벽의 광야에서 홀로 별을 바라보는 여행자가 된다.

손목시계를 차지 않은 이유

손목에 시계를 차지 않는다.
이미 몇 번이고 잃어버렸다.
마치 차지 않기 위해
잃어버리고.

손목에 시계가 있는 건
땀도 차고
어렸을 때부터 차지 않아서
손목에 메이고
걸리적거린다.

처음엔 멋으로 차고
선물로도 받아보고
차야해서 차고
그리고서야
다 잃어버리고
아무것도 차지 않았다.

가벼운 손목은

흠

조금 초라한가?

푸른 밤하늘

밤하늘에는
어쩐지 조용하게
별이 보였다.

더듬어 바라보기 전까진
고요하다가

그렇게 힘든 날
밤하늘은 푸르게 빛나고
힘에 겨워
눈도 빨갛게 물든 날

땅을 바라보려 나온 길에서
하늘이 띄고
그 나긋한
별이 보였다.

우울의 끝에서

쓰다듬을 때면,
이름을 낮게 부르며
그렇게 절실하게
쓰다듬을 때면.

서러움에 북받쳐
부르짖는 이름에 밀려,
눌러 두었던 슬픔이
턱 끝까지 차오르는 것이다.

눈시울이 뜨겁고
손은 차고,
가슴은 마침내
터질 듯하다.

슬픔은
그렇게
우울이 사라지는 것이다.
울음을 되찾은 것이다.

골목에서 그를 마주치고 주저앉았더니
꽃이 나를 올려보고 있다.

골목에 핀 이름 모를 꽃아.
너도 오늘 그를 보았니
설레는 그 눈짓을 보았니
가벼운 침묵을 보았니
팔랑이는 나의 마음처럼 말이다.

시작노트 /

나는 무엇으로부터 시를 얻는가.

1번은 매 주말에 한 시간 정도 석촌호수를 걸어 다니며 이 런저런 생각에서 얻었다.

2번은 치약과 체력을 잇던 중에 얻었고

3번은 병원에서 차례를 기다리다 이유라는 글자를 보고 사소 한 행동이 어떻게 의미를 가질 수 있는가에 대해서 생각했다.

4번은 곤란한 나의 상황에서 비슷한 경험을 떠올리다 말 리고 있는 양말을 보고 떠올렸다.

5번은 행복한 순간에 대해 고민해보고 쓴 시이다.

6번은 기쁨이란 감정이 언제 오는가에 대해 생각했다.

7번은 나에게 즐거움은 무엇인가에 대해 생각해 보았다.

5번 6번 7번 시는 긍정적인 감정을 이번 기회를 통해 생각 해 보고 싶어서 생각해 본 글이다. 감정을 표현하는 글에서 나 는 항상 부정적인 감정이 더 쉬웠다. 10번은 그중 하나이다.

행복이란 공감하는 사람과 있는 것이라고 생각했고 기쁨 이란 행운 혹은 내키는 대로 했더니 내켰던 대로 되는 것이 라고 생각했다. 즐거움이 가장 어려웠는데 나는 따분한 일에서 안도감을 얻고 그것이 즐거움으로 이어지는 경우가 많았다. 그리고 그것은 결국 따분함으로 바뀌어 즐거운 일을 한다고 하지만 즐겁지 않았다. 그래서 나는 어떤 일을 할 때 따분하지 않고 재미있어하는가에 대해서 생각을 해 보았다. 그 중에서 누군가와 같이 하는 것을 뺐다. 누군가와 무엇을 같이 한다면 어지간 해선 재미있기 때문이다.

8번은 이번에 불현듯 쓴 시이다. 내가 사람들과 이야기하며 너무 허울 없을 때 뻘쭘한 감정이 들어 나는 왜 그런가 생각하며 썼다.

9번은 밤에 산책을 하다 느낀 시이다. 밤에 늦게 집에 들어와서도 건강을 위해 밤 산책을 하는 습관을 들였는데, 그때 하늘에 삼태성(오리온자리)을 보고 든 느낌이었다. 오리온자리는 밝은 별자리로 겨울에 밤하늘에 서울 하늘에서도 종종 보인다. 특히 오리온의 벨트에 해당하는 삼태성은 너무 뚜렷해서 20살 무렵 별자리 공부를 하고부터는 매년 겨울마다 찾아봤다. 겨울에 누군가를 밤에 하늘을 보며 만나면 항상 나는 삼태성을 보며 오리온자리라고 이야기했다.

11번은 터질 듯 한. 설렘의 감정을 표현하고 싶었다. 예전에 같이 봉사활동을 하며 이야기 나누던 짝사랑 하던 친구가 어느 날 갑자기 연락해 왔을 때. 사실 별 일 아니었지만, 내가 모르는 사람의 연락처를 혹시 가지고 있는지였다, 어떻게든 이야기를 이어나가고 싶었지만, 초라한 나만 더 보이고 연락이 끊겼을 때.

그때 나는 방에서 혼자 앉았다. 일어섰다. 메모장을 켜고 설레는 감정에 대해서 써 보기도 하고 그랬지만. 만약 내 방에 고양이라도 아니 정말 선인장 모형이라도 있었다면 건네었을 말을 적어 보았다.

나에게 주변에서 시상을 잘 얻어 온다는 감사하고 뿌듯한 표현을 들었다. 나는 그것이 감정을 소중하게 생각하고 있어서 그렇다고 생각한다. 나의 시는 거기서 출발한다고 생각한다.

캘리포니아에서 만난 작은 이야기

고혜선

고혜선　늘 여행 중독자가 되고 싶지만, 세 아이의 육아에 발이 묶여 가끔 가는 여행이 더없

이 소중하고 간절했다. 우연히 시작된 미국 캘리포니아 여행에서 만나는 작은 이야

기들이 나의 간절함을 조금씩 해소해 주고 있다. 낯선 곳에서 마주하는 첫 감정을

잊지 않기 위해 순간을 기록하는 걸 좋아한다.

샌프란시스코에서 로스앤젤레스로 가는 5번 고속도로

산골 마을에 살았던 소녀는 끝없이 펼쳐진 대지를 본 적이 없다. 매일 아침 일어나 창문을 열면 보이는 건 겹겹이 쌓인 높고 짙은 초록빛의 산이었다.

산골 소녀는 매일 바라보던 동해 바다를 뒤로 하고 태평양을 건너 미국 캘리포니아에 도착했다. 그리고 샌프란시스코에서 출발해 로스앤젤레스로 가는 첫 여행에서 끝이 없어 보이는 일직선의 대지위에 몸을 맡겼다. 세 시간을 달려도 구불길 한번 나오지 않는 5번 고속도로의 위력에 살짝 기가 죽었고 미친 듯이 부러웠다. 부러움 끝에 여기저기 텅 빈 넓은 대지를 만나니 척박한 땅 귀퉁이까지 살려보려 애쓰던 부모님의 모습이 아른거려 그리움이 맺혔다. '이 넓은 땅덩어리가 내 것이었다면 해보고 싶은 농사 다 해볼 텐데' 라며 멋쩍게 웃으셨을 부모님...... 그러다 문득 '내가 진짜 어마어마한 대지에 놓여 있구나, 이곳에서 두발 디디고 버텨 내야 하는구나'라며 정신이 번쩍 든다.

그래! 시작해보자

금문교

하루 종일 주홍빛을 띠다
석양에 잠깐 금빛이 도는 게 다인데
나를 금문교라 부르는 너희들

가끔은 샌프란시스코 어디에서나 나를 보는 게 부담스러워
짙은 안개를 데려 온다

내 나이가 여든이 넘는 동안 온몸을 구석구석 밟고 다니는
너희들 덕에 팔다리가 안 쑤시는 곳이 없구나

매년 주물러주고 가꾸어줘도
난 이제 백발노인이다

그래도 백발노인 보러 와주는 너희들이 있어
외롭지는 않구나

주머니쥐의 로드킬

긴 추운 밤 꼬물거리는 아이들을 등에 업고
끝이 보이지 않는 검은 길은 건넜던
주머니쥐야

달빛조차 비춰주지 않던 그 길을 미처 끝내지 못하고
어느 한 구석에서 새끼들을 감싸 안고 죽어갔던
주머니쥐야

검은 독수리가 큰 날개를 펴고
너희들 머리 위에 그림자를 드리우는구나

다음 생엔 검은 독수리가 되어 훨훨 날아
저 길을 지나가거라

산타모니카 백사장

쌀쌀한 겨울 탓인지
온기가 적은 마음 탓인지
더욱 차갑게 느껴졌던 단단한 모래

오랫동안 내 발자국을 남기려 해도
잠깐 흔적만 남겼다 사라지게 만드는 야속했던 백사장
오기로 더 꾹꾹 눌러보았던 내 발자국

한참을 흔적 남기기에 집착하다
발끝에 스며드는 빛에 고개를 들어
수평선 끝에 매달린 석양의 아름다움에 넋을 뺏기고 나니
내 발자국이 뭐 대단한 흔적이라며 털어버렸다

요세미티 폭포

뼛속 깊이 스며드는 찬 바람이 지나간 얼음 밑에
투명한 알들이 추위에 떤다

잿빛 눈 덮인 나뭇가지 귀퉁이에
실빛으로 매달린 번데기가 힘겹다

두어 시간 최선을 다해 얼굴을 비추던 볕에
온기를 느끼며 녹기 시작하는 700미터 꼭짓점 고드름
파도처럼 밀려 떨어지던 고드름이
나뭇가지 위 눈을 살짝 떨어뜨리고 단단한 얼음 바닥에 박힌다

눈 떨어진 나뭇가지에도
툭 하고 박힌 작은 얼음 구멍에도
햇살 한 방울이 스며든다

봄빛에
번데기 껍질 속이 짙은 빛으로 감돌고
투명한 알들이 형태를 바꾼다

강렬해진 햇살이 오랫동안 폭포를 비추면
얼음은 걷잡을 수 없이 허물어져 내려
겨우내 감추었던 면사포 쓴 신부의 모습을 드러낸다

모나크 나비가 적갈색의 날개를 펼치고
물고기들도 튀어 오르며
여름이 함께 시작된다

언덕 위 포도밭

조금씩 시작되는 비에
바싹 마른 유채꽃 틈 사이에 낮은 야생화 잎이 돋아나
초록빛으로 바뀐 11월의 언덕

가끔씩 뿌려주던 비마저 멈추면
머금고 있던 물을 다 증발시키고
말라버린 4월의 언덕

밟으면 바사삭 소리를 내며 으스러질 것 같은 언덕을
연초록 잎이 가득한 포도밭이 지키고 있는 6월의 언덕

와인이 될 준비를 마친 짙은 보랏빛의 알갱이가
오크통에 담기는 초가을

짙은 초록색의 나뭇잎만 남아 언덕을 지키다
비와 함께 부는 바람에 더 이상 버틸 이유가 없다며
초록잎 다 날려 버리고 갈색 가지만 남는 겨울의 언덕

서로 다른 길을 가다 이제야 한 빛깔이 된다

체리나무와 함께 온 여름

초여름 오후 4시
창문을 여니 더운 내음을 꽉 채운 바람이 훅 들어왔다
여름 바람에 초록 체리 잎이 살살 흔들리고
그 위에 햇살이 찬찬히 맺혔다

뜨거운 햇살 피해 초록 잎 밑에 숨은 체리는
바람에 흔들려 들어오는 햇살이면 충분한지
짙은 붉은빛으로 변해갔다

초록 체리와 함께 온 봄이 지나가고
검붉은 체리와 함께 여름이 오고 있었다

외롭고 거대한 삼나무

번개야, 어김없이 날 건드려 봐라
내 뿌리가 타들어 갈까

그대들아, 아무리 날 감싸 안아봐라
그 안에 내 영혼이 담길까

난 그렇게 수천 년을 홀로 버텨냈다

따뜻함을 품은 거대한 삼나무

이 넓은 숲 어딘가 흔적을 남겨야 하는 번개야
네가 남긴 검은 흔적 정도야 세찬 빗물에 씻어내면 그만이니
나에게로 와 단단한 껍질을 깨 주어라
내 씨앗들이 뿌리내릴 수 있게

힘든 마음 꾹꾹 눌러 담고 겨우 나를 찾은 그대여
내 품에 기대 따뜻한 온기 가져가거라
네 마음에 따뜻한 씨앗이 될 수 있게

우린 그렇게 수천 년을 함께 지내왔다

엔텔롭 캐년

인디언 나바호족이
도망간 산양을 찾으러 들어가 발견했다는 그곳

산양은 왜 그리 깊고 험한 땅속으로 도망쳤을까
헤매다 발견한 그곳에서 산양과 나바호족은
어떤 마음이었을까
자연을 거스르지 않고 살았던 정직한 삶이라
주어진 선물이 아녔을까

많은 궁금증을 접어두고
어느 한 구석에 가만히 앉아 보았다

수백만 년 전 깊은 계곡물을 따라 휘몰아치던 사암이
화석처럼 굳어버린 그곳에는
어딘가로 가늘게 들어오는 빛에 기대
붉은 사암 구석구석에 새겨진
도망가는 산양과 뒤쫓는 인디언의 모습을 감상하며
그 안에 담긴 긴 이야기에 잠시 빠질 수 있었다

이야기를 따라 가다 마주친 하늘을 올려다보니
그 옛날 깊고 붉은 계곡 속에 살았던 무언가가 된 듯하다

짧은 감상이 끝나고 일상으로 돌아가야 하는 계단을 보니
그곳을 누볐던 나바호족이 되어
멈춰 버리지 않은 듯 빛에 따라 온종일 모양을 바꾸던
붉은 암석 파도와 오랫동안 함께이고 싶다

시작노트 /

　난 여행을 좋아한다. 여러 지역을 답사해야 하는 건축과를 가게 되면서 새로운 곳을 둘러보는 것에 자연스레 흥미를 느꼈다. 이곳저곳을 다녀보니 나는 자연도 함께 느낄 수 있는 여행을 더 오래 기억하고 매력적으로 느낀다는 걸 알게 되었다.

　며칠 다녀올 짐을 싸기 위해 여행 가방을 꺼내며 설레는 것도, 다녀온 후 짐을 정리하며 그곳을 추억하는 것도 즐겁다. 그리고 새로운 곳에 갔을 때 느낀 첫 감정들을 기록하는 걸 좋아한다. 한참이 지난 후 되돌아보거나, 다시 그곳을 방문했을 때 느낀 감정들을 비교해 보는 걸 즐긴다.

　5년 전 남편의 직장 이전으로 세 아이와 함께 미국 캘리포니아로 오게 되었다. 11년 전 남편과 둘만 잠깐 들렸던 여행지와 지금 살면서 여행했던 같은 장소에서 다른 느낌을 받았을 때 여행의 묘미에 다시 빠져들었다.
　같은 장소이지만 나의 상황과 감정이 달라져 있기에 그 장소는 같지 않은 곳이 되었다.

　내가 미국에서 지내며 본 것들에 대한 감정과 다른 이들이 이곳에 와서 느낀 감정들이 어찌 다를지 궁금해진다.

첫 봄

서혜진

서혜진   1991년 출생. 2021년 출산. 아기가 찡얼거리는 작은 소리에 미간을 찡그리곤 했는데 이제는 마주치는 천사들의 눈을 일일이 들여다보고 웃느라 발걸음을 늦추게 된다. 내가 아이에게 생명을 주었다고 생각했는데 도리어 받았다는 걸 깨닫고 새롭게 살고 있다. 지금의 작은 도전이 끝이 아니라 시작이 되길.

블로그: https://blog.naver.com/jinny3019

봄

한 세상이 내게 안겨 봄을 불어넣는다

탐스러운 볼 언덕이 복닥거리고
햇살로 피운 맑은 솜털이 나부끼며
웃음에 피어난 꽃이 날개를 펼친다

밀려오는 봄바람 따라
너를 만나기 위해 지금을 기다렸노라고

속삭이는 숨결 따라
너를 틔우기 위해 내가 있었노라고

웅크린 열 달밤
겨울나기를 마치고
옹골찬 뿌리로 싹을 디딘

씨앗 한 알

주원아
자꾸만 이름을 부르고 싶어서
몇 번이고 눈 맞추고 싶어서

솜털 따라 나리는 꽃잎을 이렇게 담는다

걸음마

한 발짝
세상의 첫 장이 펼쳐진다

기다리는 소리에 귀를 쫑긋이고
응원하는 눈빛을 손끝 가득 담아

좌우 엉덩이를 들썩여 한 걸음
펼쳐진 페이지에 연신 발장구치다가

시작의 환호성을 담은 눈빛
걸음마다 수천 개의 별을 반짝이며
한 세상이 온다

온 우주가 안긴다

어린 왕자

어린 왕자가 흩어두고 간 밀밭

둥그런 볼 언덕을 따라
햇볕에 찰랑이는 황금빛 물결

세상의 시작부터
만나기로 약속한 것만 같아
언제나 속삭이던 바람의 간질임

오후 네 시
숨결 따라 복닥이는 솜털을 마주하는 시간

네가 아침 햇살 한 모금 들이킬 때 찰랑
네가 저녁놀 한줄기 내뱉을 때 또 찰랑

금빛 파도에 파묻혀 반짝이는 약속

작은 새

겨울 끝자락
품에 안긴 작은 새 하나
작고 따뜻한 숨을 내쉰다

배냇짓 따라 흐르는 숨결
들숨에 솟았다 날숨에 펄럭이며

부푼 웃음 한아름 안고
여린 날갯죽지로 손을 감싼다

봄바람 가볍게 등 떠밀고
연둣빛 새싹 손뼉치기 시작하면
한 발짝 걸음 떼 너른 하늘 날갯짓하겠지

활짝 손 흔들어주기 위해

이 시간
한 번 더 껴안는다

숨

한 움큼 사랑을 베어 물고
볼을 부풀려 잠든 너에게
체온을 갖다 댄다

심장은 잘 뛰고 있는지
가슴팍에 살며시 손 얹어
곁에 찾아온 행복을 만진다

가지런한 눈썹 아래 콧등 끄트머리
옹달샘에서 솟아나는 작은 숨 조각들

날아가 흩어져 버릴까봐
조각마다 주워 담아 따라 내쉰다

너 숨 쉬고 있다는 것만으로
내 맘을 쉬게 할 수 있다니

온전한 찰나 볼우물에 비추어 반짝인다

뿌리

볼 언덕에 핀 솜털
사방으로 흩날리며 춤춘다

햇살이 스며들 때 반짝임에
창밖에서 밀려오는 바람 향기에
찰나의 웃음 한 톨까지

새하얀 고사리 손가락
잔가지를 세상으로 뻗어 펼친다

손 끝 사이 빠짐없이 촘촘히
움켜쥐어 깊숙이 뿌리내리길

배앓이

입 벌려 힘껏 소리를 내지르고
허리를 끌어안았다 펴며 앓는다

할아버지 기침을 따라 했다가
할머니 앓는 소리를 흉내 내다가
엄마 자장가를 흥얼거리기도 하며

공기를 바짝 쪼그렸다 부풀리며
세상 밖 첫 숨을 익힌다

만져보지 못하는 자식 울음에
잠 못 드는 여름밤 뭉근 손으로 등 긁어준 할아버지가 왔다가
배곯을까 옥수수 한아름 쪄 안겨준 할머니가 들렀다가
뒤척이던 밤 너른 손으로 둥글게 배 저어준 엄마도 왔다 간다

어쩔 줄 몰라 따라 울다가
긴 밤을 건너 달려와 토닥이는 손길들에

젖 물리고 등 토닥여 배를 쓰다듬는다

온점

둘이서 남긴 작은 점 하나
잠들 때면 손에 잡히는 온기들
함께 안을 수 있는 따뜻함의 마침표

또 다른 우리가 된다면 어떨까?
셋을 생각하며 떠올린 물음표

서툴게 쌓은 둥지 속
작은 아기새 한 마리 움을 튼다

둘이서 매 끝마다 찍어둔 온점
셋으로 함께 할 새로운 시작점

감기

외할아버지를 따라
산바람을 쐬고 온 아이가
콜록대기 시작한다

우리 아기 찬 기침 한 번에
아빠를 탓하는 마음이 성큼
자리 잡고 앉아버린다

내 새끼 삼십 년 찬바람 막아주느라
넘어지는 소리마다 달려가 보듬느라
등은 야위고 손끝 힘은 연해져

제 자식 보듬은 서른 살
아이에게 자리 잡은 못난 마음 끌어내질 못한다

거친 손마디 깊은 골짜기 울음
속에 둥지 튼 새는 헤아릴 길 없어
연신 지저귀고

또다시
찬바람을 가로막는다

소풍

엄마는 홀로 소풍을 마쳤다

낯선 길에서 손을 놓친 아이처럼
살아내느라 잊은 시간

품속에서 하루를 잊은 채 잠든 아이를 안으니
세상을 잃고 뒤돌아섰을 길이 아른거린다

젊은 날 훌쩍 떠난 뒷모습만 남아
떠올릴 수 없을 거라 지운 미래들

아이를 꼭 껴안고 찬찬히 늙어가고 싶다, 생각하다

가져본 적 없는 일이라 욕심일까
내려놓다 다시 한번 떠올린다

계절에 맞는 옷을 입히고
철에 나는 음식을 먹이는 것을

검지를 옴켜쥔 손으로 그려본다
혼자 돌아가는 길목에서 간절히도 바랐을 것을

모녀

젖 달라고 보챈다
시도 때도 없이
나도 엄마 밥상 앞에 앉고 싶은데

안아달라고 운다
하루 웬 종일
나도 엄마 품에 안기고 싶은데

어쩌자고 이렇게
마음이 모자란 채 엄마가 되었나
눈물이 흔적을 감추고 울음이 들어간다

품에 안은 아이에게 물들어
베어 물 젖 없는데도 입을 벌리고
안길 품 허공인데도 팔 벌려 찾는다

닿을 수 없는 온기
오지 못하는 마음 오죽할까

젖줄 떼고 먼저 나선 발걸음
영영 몰랐으면 좋았을 것을

향기

속이 훤히 빛나는 유리단지에
한 주먹 움켜쥐어 넣었다가
꺼내 볼 수 있다면 얼마나 좋을까

엄마 품에 파묻혀 맡던 보드라운 살 내음
땀에 젖은 채 안겨 잠든 아이의 머리칼 향기

그런 날을 비추는 상아빛 햇볕의 마른 내
창문 틈 사이 스며드는 싱그런 바람 향

주고받았던 숨결의 반짝임

딱 한 움큼
고이 담아두었다 꺼내볼 수 있다면

여름

새벽안개를 맡으며 태어나
봄볕 아래 얼굴을 내민다

말갛게
하늘에 나부끼는 여린 초록 윤슬

들어오는 바람에 찰랑
나가는 바람엔 반짝
들물 썰물 따라 연신 파도짓하다

햇빛이 영글고 물살이 단단해져
잔물결은 파도가 되고 여름을 뒤덮는다

작은 생으로 만든 녹음

시작노트 /

　길거리에서 모르는 아이를 보며 웃는 사람을 이해하지 못했고, 미성숙한 성인이 덜컥 부모가 되는 건 두려운 일이라고 생각했었다. 서른 한 번 째 맞이한 5월, 내 아이를 품에 안고 나서는 마주치는 아이마다 눈을 맞추고 고개를 끄덕이며 웃느라 늘 발걸음을 늦추게 된다. 첫 육아를 하면서 '널 만나고 나서야 진정한 봄이 왔어!'라고 감탄하며 글을 쓰기 시작했다.

　열 달 동안 부풀어 오른 배를 쓰다듬으며 내가 생명을 주고 있다고 확신했고 태교 동화를 읽어주는 남편 목소리를 들으며 이 생명을 지켜주겠다고 다짐했다. 천사가 세상에 온 지 일 년이 된 지금, 실제로 어떻게 되었을까? 모든 것이 반대라는 것을 깨달았다. 주원이가 나에게 생명이 넘치는 새로운 삶을 주었고 작은 웃음 하나로 우리 가족을 지켜주고 있다.

　까맣게 빛나는 눈동자를 보고 있으면 수만 개의 별이 반짝이는 우주 속으로 안기게 되고, 입술 사이로 새어 나오는 숨소리는 마음을 녹여 봄바람을 불어넣는다. 종종 나를 닮은 보조개가 파일 때면 그 안에 빠져 허우적대느라 어찌나 바쁜지. 특히, 나날이 토실하게 살이 차올라 코끝이 겨우 보일까

말까 한 볼테기와 휘날리는 솜털은 늘 나를 간질여 글을 쓰게 한다. 어느 날은 황금빛 밀밭이었다가, 다음 날은 세상으로 뻗어나가는 고사리손이었다가, 또 다른 밤에는 따뜻한 둥지가 되기도 했다. 단둘이 주고받는 숨소리 외에 모든 것은 아득히 잊게 되는 순간! 행복이라는 말로는 턱없이 부족한 이 순간을 표현할 수만 있다면.

엄마로서 첫 아이에 대한 마음을 써 내려가면서 부모님의 마음 한 켠을 헤아릴 수 있게 되었다. 큰 사랑을 어떻게 모를 수가 있었을까 하고 지난날의 나를 쥐어박다가, 자식이 알아주기를 바라는 마음은 없었을 거란 생각에 다시금 그 깊이를 확인하게 된다. 아울러 마냥 묻어두기만 했던 엄마의 상실을 마주하고 어린 날의 마음을 돌보며 새로운 싹을 돋아나게 할 수 있었다. 아이와의 만남이 없었다면 제대로 들여다보고 채우지 못했을 시간이었다.

'봄'으로 시작했던 글은 '여름'으로 끝난다. 봄부터 쓰기 시작한 글들이 더위와 함께 마무리되기도 했고 인생의 사계절 중 아이를 만나고 진정한 봄이 왔다고 느꼈으니 지금은 여름 쯤에 도착해 있는 것 같기도 하다. 앞으로 어떻게 이어질까?

신생아실에 있는 아이를 만나기 위해 아물지 않은 배를 끌어안고 남편 손을 단단히 잡고 걸었던 길이 생생하다. 우리는 여전히 손잡고 걸으며 주원이의 웃음소리마다 피어나는 꽃을 즐기고 무더위 속 불어오는 바람 한 자락에 감사하며 지금의 계절을 만끽하고 있다. 맞잡은 손이 없었다면 느끼지 못하고 나누지 못했을 순간들. 이 정도면 충분한 행복이라 여겨서 마침표를 찍는데 점 끝마다 계속해서 또 다른 시작이 생기고 손에 손잡고 함께 만들어갈 이야기가 이어진다.

서툰 글을 깎고 다듬는 중에 두 번째 천사가 찾아왔다. 어쩌면 여름 뒤엔 가을이 아니라 또다시 봄이 찾아올 수도 있겠다. 이어지는 계절을 글로 담을 수 있기를 바라고 다짐한다.

너와 나의 시간

김지수

김지수   삶의 계단을 한 걸음씩 오를 때마다 많은 것을 흘려보내지만

온기 가득한 추억은 고스란히 담아내는 사람,

지친 이들에게 '시' 라는 휴식을 선물하고 싶은

따스함을 오래도록 풍기는 사람이고 싶습니다.

가로등

칠흑 같은 어둠 속 작은 불빛 하나가
낡은 구둣 소리를 비춥니다.

새벽녘 찬 공기를 머금은 남자가
잠시나마 불빛에 걸음을 의지합니다.

그의 어깨에 드리운 수많은 그림자

작은 불빛의 위로를 뒤로하고
그들을 비추기 위해 발걸음을 재촉합니다.

우물 밖 개구리

있는 힘껏 뛰어오른다.
따가운 눈초리를 딛고 한 뼘
올챙이적 잊고 두 뼘
세상을 누비러 세 뼘

우물 밖을 벗어나도 개구리지만
오늘도 있는 힘껏 뛰어오른다.

커피 한 잔

코끝에 그윽한 원두향을 머금으면

풍미로운 한 모금의 휴식

향미 가득한 한 모금의 위로

산뜻한 한 모금의 낙

비 내리는 밤

투명한 방울에 맺힌 눈물 한 방울
기억 위로 쏟아지는 빗방울
고요한 빗방울에 깊어진 마음도 흘려보낸다.

흐려진 추억에 그대를 흘려보낸 밤
요동치는 감정을 곱씹는 혼자만의 밤
가늘게 내리는 빗방울에 내 마음도 흘려보낸다.

첫 눈

몇 계절의 긴 기다림 끝에 새하얀 웃음되어 흩날리는 그대
하얀 눈꽃에 서려있는 맑고 투명한 그대

뽀드득 뽀드득 마음을 온통 적시는 눈꽃송이

모든 이들의 축복, 모든 이들의 소망
너로 시작해서 너로 끝나는 계절

당신의 온기

후- 따스한 온기를 내 안에 불어넣습니다.
그대의 손길을 고스란히 느끼는 시간
당신의 온기를 느낄 수 있어 다행입니다.

후- 따스한 온기를 내 마음에 불어넣습니다.
그윽한 눈빛, 반짝이는 미소가 수줍게 전해지는 시간
당신의 온기를 느낄 수 있어 참 다행입니다.

작은 별

밤하늘 빛나는 수많은 별들 중
내 마음에 들어온 작은 별 하나
반짝거리는 노란 눈빛으로 내 세상을 비춘다.

사르르 번지는 너의 미소에 내 마음은 볼그스레
신비로운 너를 바라보니 우주를 가진 것 같아
벅찬 마음을 주체하지 못하고 팔을 뻗어본다.

보드라운 숨결이 느껴지는 작고 어여쁜 존재여
소중한 순간 고스란히 마음에 담아 오래도록 간직해야지
나를 닮은 너를 내 마음에 담는다.

동행

맞잡은 손, 당신과의 발맞춤
하나의 뿌리로 서로를 감싸리

나아갈 길 험난해도 같은 마음으로
같은 곳을 바라보며
오랫동안 우리의 길을 걸어가리

시작노트 /

삶이 그대를 속일지라도

슬퍼하거나 노여워 말라

슬픔의 날 참고 견디면

기쁨의 날 찾아오리라

마음은 미래에 살고

현재는 괴로운 법

모든 것은 순간이고

모든 것이 지나가리니

지나간 모든 것은 아름다우리

삶이 그대를 속일지라도 - 푸시킨

살다 보면 꽃 피는 포근한 봄날을 맞이할 때도 있고

하늘이 뚫린 것처럼 장대비가 쏟아지는 시간을 겪을 때도 있다.

무더웠던 여름의 끝자락을 지나서야

코끝을 스치는 선선한 가을바람을 만끽할 수 있고

유난히 길었던 겨울을 오롯이 보내야만

눈부시게 아름다운 봄을 맞이할 수 있다.

지나간 삶을 돌이켜보면 기쁨과 시련 모두 찰나였던 것 같다.

희로애락의 순환 속에 각자의 계절을 기대하며
자신과 따스하게 마주하길 바란다.

인생이라는 여정에서 만나 희로애락의 길을 함께하는
소중한 내 사람들을 떠올리며 시를 쓰고 다듬고,
탄생한 시를 마주하니 다시 태어난 기분이 든다.

각자 마음속 서랍 한 켠의 감정을 꺼내어
시에 담긴 찰나의 감정을 고스란히 느끼고
느리게 호흡하며 동행하는 시간되길 바란다.

세 개의 보석

김애자

김애자   1965년생. 경남 남해 출생 후 부산에서 자라 바다를 접하고 소소한 일상을 표현하며,

아동 문학에 관심을 두고 구연 동화 모임(동화 나래, 색동회)및 부산 키움 인형 극단

의 단원으로 봉사에 전념하고 있으며, 스토리텔링 '조개학개론' 의 유튜브로서도 활

동을 하고 있습니다.

블로그: blog.naver.com/fx0001

6.1 지방선거

갱년기라 숙면이 쉽지 않다.
6시에 시작되는 투표소에는
그 나물에 그 밥이려니 해도
이른 새벽 투표구의 줄이
꼬리에 꼬리를 물고 있었다.

새바람을 일으킬 새내기 유권자
노을처럼 붉게 물든 보수 세력들
넋두리만 늘어놓고 기권한 사람들
행방을 몰라도 국민 주권 행사자
나도 소중한 한 표를 행사했다.

붉은 물결, 푸른 물결 넘실거리네.
한 표의 소중함은 이럴 때 느낀다.
또 다른 새벽 다섯 시가 넘어서니
판세는 엎치락뒤치락 박빙에 박빙
시시각각 손에 땀을 쥐게 한다.

인생 색깔

봄날 보리싹이 파릇파릇 초록빛으로 돋아
여름날 하얀 물거품을 만나 푸른 파도가 되더니
가을날 풍요로움을 더해 붉게 단풍 들더라.
긴긴 동짓날 밤 어둠이 밀려온 밤하늘이
잠에서 깨어보니 새하얀 세상이구나.
우리네 인생 색깔은 마음이 만들겠지.

**

작품소개
자연이 아름다워도 아름답게 보지 못한다면 그 아름다움을 느낄 수 없고
모든 기쁨과 슬픔은 정신적인 생각으로 느낌을 가감한다는 현실적으로 체
험했기에 마음가짐의 중요성을 새겨본 글.

당신도 나처럼 외로운가요?

당신도 나처럼 외로운가요?

쓸쓸한 가을이 아니어도 슬픈가요?

소리 없이 흐르는 눈물을 훔친 적이 있나요?

애잔한 음악이 흐르면 그저 눈물 흘려요?

비가 내리면 그 비를 흠뻑 맞고 싶어요?

고독처럼 쓰디쓴 커피를 마시나요?

몇 번을 곱씹으며 "왜 나만!" 중얼거려보나요?

소나기 쏟아지면 밖으로 뛰쳐나가 소리쳐보나요?

화려하게 치장한 거울 속 내 모습이 왜 그리 슬퍼 보이는지요?

굴곡진 세월과 주름진 얼굴이 무엇을 의미하나요?

요람에서 죽음까지 얼마나 많은 외로움이 스쳐 갈까요?

인생의 뒤안길에 외로움만 등지고 홀로 선 나처럼.

당신도 나처럼 외로운가요?

**

작품소개

문득 나만이 세상에서 가장 외로운 것 같을 때 세상 사람들에게 물어보고 싶어진다.

6월의 보석

엘리자벳 여왕은
늘 진주목걸이를 하고 있다.
순수하고 순결한 진주의 매력은 고귀함에 빛을 발한다.

누구에게나 어울리고
모든 의상과 소품에 잘 어울리는 진주.
건강한 모체의 조개가 아픔으로 만들어 내는 영롱한 색.

아삭아삭 부딪히는 소리로
어둠 속에서도 빛을 잃지 않는 천연진주.
진흙탕 속에 흑진주는 최고의 권위를 자랑하는 보석이다.

클레오파트라 여왕은
식초에 진주를 녹여 마셨다지.
진주는 보석 중의 보석이다.

조개의 눈물이라는 진주라지만
소유욕이 없다지만 내가 가장 소유하고 싶은 보석에 속한다.
무소유 실천 삼아 6월에 내 작은 공주의 생일날 선물하리라.

존재감

삼베, 모시 조각보를 깔아두고
등나무 줄기로 엮은 바구니에
지인이 선물한 사과가 한가득
눈으로 맛을 보니 새콤달콤해.
한 입 베어보지도 않았지만
입 안 가득 침샘을 자극하고
오만상이 다 찌푸려지더니
사지가 주리를 트는가 싶어
사랑하고 싶지만 사랑하지 못해.

한 입 깨물어 입가 미소 짓는 이.
두 입 깨물며 행복해하는 이.
세 입 깨물고 너를 다시 그리워할 이.
다시금 너의 존재를 그리워할 이에게
사랑받는 존재가 될 수 있도록
빨강, 노랑, 초록 다채로운 빛깔로
세상 모든 곳에서 사랑받는 너를
사랑하지만 거부해야 함을 어찌할꼬.
너는 너대로 나는 나대로 존재함을

**

작품소개

신맛의 과일이나 반찬은 전혀 맛보지 못하는 안타까움과 상큼한 과일들의
미묘한 맛을 즐기는 사람들의 느낌을 나름대로 표현한 글입니다.

아픈 손가락

열 손가락 깨물어 안 아픈 손가락 없다지만.

어머니는 늘 아픈 손가락만 보살펴주며

새 살이 돋아나길 두 손 모아 빌어도,

동여맨 붕대에 붉은 피가 맺히고,

상처 난 피부 고름 나고 짓무르니,

날마다 후후 불며 어루만져 주더라.

가끔 아픈 손가락처럼 보살핌을 받고 싶다.

철없이, 난 그저 아픈 손가락이 되고 싶다.

어머니 검은 머리 백발이 되었어도,

곱디고운 얼굴 주름살 늘어 깊은 골이 패어도,

오늘도 아픈 손가락 어루만지는 어머니를 보았다.

**

작품소개

어머니는 항상 장남인 아들의 성공과 안정된 삶을 바라셨는데, 생활고로
우여곡절을 겪으며 아직도 위기에서 헤어나지 못하는 장남을 위한 기도는
계속되고 옆에서 때론 희생양이 되는 듯한 생각과 때로는 아픈 손가락처
럼 나도 끝없는 사랑 받고 싶었던 순간적인 생각의 글.

청사포

갈매기 끼룩대고 철썩이는 파도 소리
푸른 바다 파도 실어 실바람 불어오면
섬마을 돌담길 저편 기차가 오가고
해안 초소 경비병 이등병의 모습이
포구의 등대 사이로 묵묵히 서 있다.

청사포의 유래를 낳은 청솔을 바라보면
누군가의 손에 솔가지가 잘려 나갔는지.
수호목인 청솔 앞에 두 손 합장하고
평화로운 어촌 마을의 흥망이 달린 듯
풍어제 올리며 빌고 또 비나이다.

미역 말리는 분주한 아낙네 손놀림
이른 새벽부터 떠나간 어부들의 귀선
기적을 올리고 오가는 동해남부선 기차
멀어져가는 간이역 뒤편 푸른 바다
세월을 낚아 올리는 한가한 강태공

목구멍이 포도청이라 바쁜 내 일상
여름날 손님맞이로 바쁜 걸음을 재촉하듯

밀물, 썰물이 교차하며 희비가 엇갈림을
내 넋두리 일상과 함께 묻어둔다.
청사포 검푸른 물결 위로 띄워서.

**

작품소개
사업적 위기와 삶의 끝자락을 생각했던 시절.
주말이면 사람들의 발길이 끊이지 않는 관광명소로 불리는 청사포에서 내
모든 아픔을 잊고 새롭게 시작하려고 세상을 거꾸로 살아가는 야간 일을
끝내고 남들이 하루를 시작하는 새벽에 일을 마치고 긴 세월을 살아왔었
던 청사포의 추억을 묻어둔 이야기

어느 봄날

홑날리며 쓰러져간 꽃잎
질주하는 차들을 반기며
분홍빛 양탄자를 깔아 놓고

구름은 저편에서 술래 인양
하늘이 햇살을 동무 삼아
나와 함께 숨바꼭질하네.

**

작품소개
봄바람에 벚꽃이 홑날리며 거리를 온통 분홍빛으로 물들게 한다.
사뿐사뿐 발걸음 내딛고 봄날을 만끽한다.

달맞이 고개

달맞이 고개 너머 청사포 어귀에 이르면
어촌의 바다 내음을 실어 오는 바람 소리
넘실거리는 파도 어우러진 향유제가 있다.
곱게 빗은 다기고 차 한잔 나누고
툭툭한 막걸리 한 잔과 파전으로
마주 앉은 이들의 정감 있는 이야기
봄이면 상춘객의 발길이 머무는 곳.
화가며 문인들 늘 내 집 드나들 듯
시와 그림으로 예술을 그려낸다.
움푹 꺼진 자그마한 어촌의 진풍경은
세상사 시름을 잊고 나누는 담소로
입가에 묻어나는 미소가 행복이 된다.
발그스레 달아오른 취기로 홍조를 띠면
해 질 무렵 황혼빛에 젖어 들어
푸른 빛 바다는 어둠을 몰고 왔다.
달빛에 정적 머물러 내일을 준비한다.

**

[작품소개]
석양이 기울 시간에 일터로 가면 늘 지나가는 향유제.
그 토속음식점에 시인이며 화가들의 일상적인 부분을 그려보았음.

세 개의 보석

첫 아이 얻어서 가정을 만들고
둘째 아이 낳은 뒤 허전한 빈자리 채우고
셋째 아이 생기고 퇴색되어가는 삶을 바꾸고

하나는 영롱한 진주처럼
또 하나는 다이아몬드의 강인함으로
또다시 다른 하나는 순금과 같이

세상 모든 보석 중에 내가 가진 보석 세 개
도둑맞을 일 없고 잃어버릴 일 없어 좋다.
내 영혼과 바꾸어도 아깝지 않은 세 개의 보석

**

작품소개
분신과 같은 아이 셋이 나의 영혼이며 보석이다.
다들 자식이란 단어는 남달리 다른 존재가 될 수 없겠지만
내게 있어 자식은 몸에 치장하지 않아도 빛이 나고
소유하지 않아도 소유된 것.
그리고 감추지 않아도 잃어버리지 않을 보석들이다.

방귀

소리 없이
때론 큰 소리가 되어
어디론가 사라져 버린다.

주변은 아수라장이
강한 눈빛만이 오가지만
날아간 방귀로 시비 건다지.

피~이
피 방귀
뽀~옹
뽕 방귀
소리도 가지가지.
냄새도 가지가지.
때론 얼굴 붉히고
때론 박장대소 웃음 짓는
소리 없는 방귀가 생사람을 잡는다.

**

작품소개
권정생 선생님의 강아지 똥에 비교가 되겠냐 만은.
방귀로 풍자적으로 표현했어요.

연못에 풍덩!

살며시 소리 없는 눈짓으로
맑고 까만 눈동자가 반짝이면서
내 맘속 연못으로 풍덩 뛰어들었네.

어느새 내 맘에 뛰어들어
작은 연못에 파문을 일으키더니
이젠 친구 하자 손짓하네.

남들이 다 하는 말 하지 못해도
무언의 몸짓으로 마음을 전하고
버팀목이 되어달라 표현하네.

하고픈 말 못해 눈짓하지만
고사리손으로 작은 손짓만 해도
심쿵! 하게 마음으로 답해 줄게.

**

작품소개
말 못하는 아이의 답답한 심경을 소리를 대신해서 눈빛과 몸짓으로 전달
하려 함.

시작노트 /

무더운 여름날. 무심코 발길에 차이는 돌멩이가 와가 (瓦家)

【명사】
기와집.

　담장 아래의 떨어진 능소화 꽃잎 속으로 숨바꼭질하면 잊고 있었던 기억 들이 하나, 둘 스쳐 간다.
화려한 자태를 뽐내며 잠깐 피었다가 칠월의 억수 같은 장맛비에 떨어져 간 능소화 주홍빛 꽃잎들은 간 곳 없고 고목 나무를 칭칭 감아 돌며 줄기와 잎만 무성할 뿐이다.

　세월을 낚아 올리는 강태공도 시간과 싸움하다 보면 어쩌다 운수 좋게 연이어서 고기를 낚아 올리다 월척을 낚아 기쁨을 맞이하는 것처럼, 나의 스쳐 가는 순간순간 기억 들을 기록하며 습작한 노트가 책상 모퉁이를 벗어나기도 하며 명작이 될 수 있다고 본다.
　베스트셀러는 아니어도 나의 시작 노트가 계기가 되어 어떤 의미를 부여해주고 내 삶의 향기가 될 수 있다면 빛바랜 추억이 되어 사라져도 후회 없이 글로 엮어 보련다.

근심 걱정을 털어 내며 재떨이에 구겨놓은 담배꽁초 인생 마냥

삶의 애환을 구구절절 늘어놓은 공간을 만난 것이다.

글ego 이곳.

마음을 두드리는 시간

박영숙

박영숙 　컬러로 마음을 두드리는 사람이다. 하나의 장면을 색깔로 표현하기를 좋아하고, 사람들을 하나의 컬러로 생각한다. 낯가림이 있지만 사람을 좋아한다. 많은 이들이 자신들의 이야기를 쏟아내며 위로와 응원을 받는다. 자신의 내면에 있는 부정적인 감정들을 치유하고자 시를 쓰는 도전을 시작했다.

인스타그램: @colortime_happystory

이메일: suk_colorstory@naver.com

마음 감기

바삐 움직이던 손도
움직임 없는 표정이 되어
먹먹한 한숨을 뱉는다.

차올랐던 에너지는 식어버렸고
희끗해진 머리카락은 나를 울리고
시린 마음을 이제 알아버렸다.

케렌시아 나무

오늘도 다녀간다.
표정 없이 왔다 미소를 지으며 간다.

오늘만은 박힌 뿌리가 버겁다.
시원한 바람도 따스한 햇살도 모두 귀찮다.

오늘을 보내듯 흘러가는 구름을 보다 보면,
어느새 반짝이는 별들과 마주한다.

내일도 오겠지….
내일도 있겠지….

스며버린 곰팡이

차가운 천장에 서늘한 창가에
소리 없이 왔구나.
가득한 흑회색 털이 겨울을 알린다.

눈을 감아도 보인다.
이제는 그만 만나고 싶다.
처음부터 곁을 내주지 말 것을..

회색 시선

회색빛에서 살아간다.
살아가고 있는 모든 환경이.
빛을 잃어버린 듯 흑백 화면처럼 흐른다.

바라보는 시선에 먼지가 쌓인 듯한,
꿈꾸는 머리에 색 바랜 듯한,
일상 속에서 색을 잃어버렸다.

자꾸만 눈이 감긴다.
마주해야 하는 시선이 답답하다.
감아도 아프다.

사소한 벤치

떨어지는 시간들 속에서
우둑하니 멈춰버렸다.
품 안에 가득 메운 미소가 넘칠 때
갈 곳 잃은 손가락이 화면만 바라본다.
가득 차버린 머리 이야기가
종착지 없어 출발조차 못하고 있다.
벌어진 입술이지만
다물어진 마음이 되었다.

구름 사이

보랏빛 하늘과 핑크빛 바다가
넓어진 주황빛이 신호를 보낸다.
노란빛 하늘에 검푸른 구름만 가득하구나.
너는 구름 뒤에 숨어버렸다.

푸른색 테두리의 하얀 거품을 보며 기다렸고
구름 틈에 끝나지 않은 붉은빛이 눈에 담겼다.
빨라진 심장 소리는 커진 눈동자는 결국 해냈구나.
반짝이는 수평선이 또 다른 시작을 알렸다.

벤치에 앉아 봄

구름 없는 푸른빛
쏟아지는 하얀빛
핑크빛 내 마음.

위에서 노는 흥얼
단내 나는 촉촉한 공기
봄이 왔다.

선명한 여름

건조기 안으로 들어온 기분이었다.

바닥에서는 끝없이 열기가 나왔다.

요란한 소리를 내며 쉼 없이 쏟아붓고 있다.

변덕스러운 마음으로 화를 내기도 한다.

시계추처럼 일정하게 귓가에 내뱉고 있다.

물먹은 스펀지처럼 늘어진다.

여름이 왔나 보다.

걸어가는 가을

그제는 버스 창가에 앉아서
어제는 조수석 창가에 앉아서
오늘은 유리창 가에 앉아서
그림같이 변해버린 창밖 풍경을 바라본다.

번지는 원색들은 선명한 선 긋기를 하고
자신만의 색을 분명하게 드러낸다.
가을이 왔나 보다.
내가 가는 길의 색이 궁금한 걸 보면.

기억 필름 속 겨울

얼고 있는 손발이 따뜻하다.

위에서 시작한 하얀 것이 아래까지 하얗게 만들었다.

뜨거운 마음이 식어버린 마음으로 되던 커피타임.

신나게 바라봤던 메뉴판.

한 뼘 늘어난 할 일 속 무거워져 버린 입.

떨구는 따스한 방울과 번지던 미소.

겨울이 왔나 보다.

지나왔던 장면을 그리는 걸 보면.

그런 하루

하루가 시작되었습니다.

시계는 혼자 바쁘네요.

바닥에 굴러다니는 물건들이 나를 보고 있습니다.

의자와 한 몸이 되어있네요.

투명한 나는 이리저리 기웃거립니다.

유혹하는 햇살.

손짓하는 침대 위의 이불.

여전히 나는 버티는 중입니다.

꼬르륵..꼬르르륵….

졌습니다.

덕분에 축복

슬이 한 손 찬이 한 손
한 손씩 잡고 걷다 보면
푸른 잔디도 우는 매미도
화사한 나뭇잎도 소복한 눈송이도
매번 새롭다.

슬이 한 손 찬이 한 손
한 손씩 잡고 걷다 보면
터진 빨강 흐르는 파랑
가득한 노랑 넘치는 핑크
매번 무지개 마음이 된다.

시작노트

　나를 챙기고자 느꼈던 감정을 위로하고 마주하며 치유하고자 시를 썼다. 어쩌면 지금 쓰여있는 시들은 나만의 언어로 감정을 쏟아냈기에 물음표를 그릴 수 있다. 시를 쓰면서 무거웠던 주제들이 조금씩 가벼워지는 것을 느끼며 스스로 회복하고 있음을 알았다.

　#마음 감기는 그동안 괜찮다고 생각했던 불편함이 아픈 감정들로 나타났다. 지치고 마음이 힘들 때 찾는 나만의 공간인 케렌시아가 생각났다.

　#케렌시아 나무는 위로와 응원이 필요한 이들이 나를 찾을 때 썼던 시다. 그들에게 나는 행복을 주는 하나의 공간이라고 생각한다.

　#스며드는 곰팡이는 매년 나타나는 곰팡이를 보며 내 마음 한편에 쌓인 불편한 감정을 발견했다. 처음에 눈에 보일 때 바로 청소해야 하는 것처럼 관계도 말하지 않았던 서운함이 쌓이면 큰 얼룩이 남는다는 메시지를 전하고 싶었다.

　#회색 시선은 지금을 살아가고 있지만 나를 잃어버린 기분에 쓴 시다. 역할이라는 책임감에 갇혀 내 의지와 상관없이 살아가고 있는 듯한 기분이 들었다.

　#사소한 벤치는 공감하는 이가 있을 것이다. 수많은 전화

번호에서 지금 바로 별거 아닌 수다를 떨 수 있는 상대를 못 찾아 화면만 바라보는 기분과 외로움이 느껴지는 순간을 적었다.

#구름 사이는 흐린 날 해돋이를 보며 느낀 벅찼던 감정이다. 세 시간을 기다리며 포기하고 돌아가는 이들을 등지고 끝까지 남아있을 때 마주한 일출은 많은 긍정의 메시지를 주었다.

#벤치에 앉아 봄은 흩날리는 벚꽃길을 걸으며 느꼈던 마음이다. #선명한 여름 #걸어가는 가을 #기억 필름 속 겨울 모두 각 계절을 떠올리며 느꼈던 마음을 표현하였다.

#그런 하루부터는 내면의 치유가 일어났다. 일상을 덤덤하게 그리고 귀찮게 여겨진 마음을 그대로 나타내며 애쓰지 않고 있는 그대로의 내가 좋아 보였다.

#덕분에 축복은 매년 지나가는 계절이지만 두 아이가 자라면서 함께하는 계절은 매번 달랐고 화난 감정, 슬픈 감정, 행복감, 사랑의 감정이 모두 아이들을 통해 새롭게 마주하게 된다. 이 또한 지금 내가 살아있기에 경험하는 감정이라는 생각에 감사함을 느껴본다.

나를 돌보는 수많은 방법 중에 한 가지인 글을 쓰고, 시로 표현하고 그 표현을 타인과 공감할 수 있도록 도와주신 모든 이들에게 감사의 인사를 전해 본다.

감정의 늪에 잠식되어도
괜찮은 걸까?

심상현

심 상 현   감정의 늪에 잠식되어도 되는 걸까? 라는 제목처럼 작가는 감정를 담는 그릇을 시
         로 작성하고 싶다고 한다. 사회에서 공허하며 힘들고 그럼에도 버티는 사람들이 점
         점 감정을 숨기게 되고 어느 순간 표현에 메말라 버린다. 작가는 그런 현대인들에게
         시를 통해서 다양한 감정을 담고 느낄 수 있는 그릇을 만들고자 한다.

눈물짓기

한마디가 비수가 되어
마음에 꽂히고
눈에서 흐르는 온기가
아스팔트에 부서졌어

그 순간을 멈추고 싶어
초침을 깨물어도
내 온기는 하수구로
버려졌어...
내일을 지키는 파수꾼은
너의 잔향이 사라지기 전에
눈물을 매듭 질 거야.

오늘의 눈물

달이 떠오르고 오늘이 끝났음을
땅거미가 기어와 속삭였어

도시의 소음이 볼을 쓰다듬어
하루가 울음을 터뜨리고숨 막힐 듯 힘들었던 오늘이
도망치지 못해 눈물에 담겨
밤이 흘러왔어 수많은 별들을
적셨던 나에게

구름이 눈물을 가리며
포근한 위로를 덮어줬어

회색별

그 시절 살짝 훔쳐 본 미래는
달콤한 햇살 맛이었어

사회의 늪에 빠져
조금씩 빛을 잃어가는
작은 별 하나

오늘도 나의 하루를
앗아갔어.

새벽 기차

꿈의 티켓 한 장
작은 손에 움켜지고
기차를 기다리는 바램

자정 막차가 되도록
오지 않는 기차를
기다리는 등불

앞이 보이지 않는 깜깜한 밤
빛 하나 없는 안개 속에
등대지기는 울고 있을 때

새벽이 오면 새로운 기차는
낯선 도착지에 데려다 줄 거야
누군가가 미래의 너를 찾고 있어

우리의 의미

넓은 세상 속에서
작은 사랑을 담은 약속

겹쳐진 두 그림자.
심장의 작은 진동이 너로 흘러 넘쳐

서로가 닮아 버린 시간을 통해서
알게 된 것은 단 하나

행복한 것보다 힘든 일도
우리라면 괜찮다는 걸.

즐거운 대화

회색 등의 신호등
서로 통하지 않는 대화
누군가의 한숨

분노감이 담긴 속삭임
골칫거리가 된 생각
스스로 진실을 버린 양

어린 시절에 멈춘 어른
고개를 숙인 그림자
검은 별들의 오케스트라

여름의 고집 속에서
소리를 내서 우는 구름
감정을 지우는 소나기

퍼즐

퍼즐처럼 끼워 맞춘 미래의
잃어버린 조각을
깨닫지 못한 척하고

갑자기 찾아온 밤은
떠나가는 그림자를 당겨도
살며시 태어난 행복을 데려가

고무줄처럼 잡아
늘인 긴 하루는
공허함으로 채워져

너로 흘러넘친
퍼즐판이 멈춘 채
잠들어

잠식

날지 못하는 날개를
꺾어버린 세상
진흙 속을 기어

연료가 떨어져버린 인생
고민의 씨앗은
썩은 물에 싹을 틔우고

감정이 세어나가
빛바랜 이명은
돌연 듯 세상을 노래해

상처받을 길을 위해
오늘도 다른 세상을
깨부수고 나아가

작은 별자리가 스며든 밤

낮과 밤의 교차점
차가운 거리에
차오르는 어둠

끝나지 않는 밤
칠흑 같은 하늘에
작은 별자리를

어둠을 가르고 나온
작은 별의 속삭임이
밤하늘을 밝게 물들이게

숨박꼭질

꿈속의 작은 파편은
숨어버린 기억을
수평선 위로 끌어올려
어질러진 좁은 방
안주인 잃은 옷가지
온기를 잃은 술래

남겨진 허공에
애태우는 눈을 감고
혼자 남겨두지 말아줘

겁쟁이가 되어버린 감정

길을 잃은 분노와
앞이 보이지 않는 하루
출발점을 잃어버린
닿지 않는 꿈

어울리지 못하는 회색양은
누구도 알려주지 않은 인사법을
찾는 도중에 끝나는 하루

다음은 어떤 미소를 지어야할까?

고독에 부딪혀 답을 잃은 감정은
실수를 무서워하는 겁쟁이에게
전력으로 살아라가라고 강요해

유령과 소나기

부서져 있는 세상에서
마지막 웃음을
이젠 볼 수 없어서

목이 쉴 때까지 울부 짓으며
바닥을 내려쳤어

함께 걷던 길과 대화들이
흔적도 없이 날아가

아무것도 남지 않아서
아직 괜찮지 않아서
추억의 소나기가 지나가

시작노트 /

 '감정의 늪에 잠식되어도 되는 걸까?'라는 질문을 나 자신
에게 해봤다. 어른이 되면서 우리가 잃어버린 것은 무엇일
까? 아마도 감정이라고 생각이 들었다. 어른들은 본인의 감
정을 숨기고 본인을 지키기 위해서 남들에게 본인을 들어내
지 않는다. 그렇게 우리들은 덤덤해지고 어느 순간 다른 사
람의 감정이 스며든 말을 들으면 오글거린다거나 너무 무거
운 이야기라는 이유로 회피하게 된다. 내가 적은 시는 다양
한 이야기를 담고 있다. 공허함, 슬픔, 사랑, 기쁨, 희망, 분노
등 다양한 감정과 요소가 섞여 있다. 시간에 쫓겨서 이곳까
지 도달한 여러분들에게 혼나서 서글퍼 울었던 어린 시절의
내 모습처럼 감정의 늪에 한번 빠져 보았으면 하는 것이 작
가의 바람이다. 작가는 최대한 함축적인 표현과 비유를 많이
하였다. 그 이유는 나의 경험과 감정이 아니라 독자의 감정
을 담을 수 있는 그릇이 되길 바라기 때문이다. 시를 해석하
는데 힘들 수 있지만 각 본인의 경험과 기분에 맞춰서 해석
을 하게 된다면 그 시의 해석이 정답일 것이다. 또한 여러 번
해석하면 다른 해석이 나올 수 있다. 작가는 이러한 경험을
통해서 독자들이 감정의 늪에 조금씩 잠식되길 바란다.

나의 우주에게

박시영

박시영 도전하는 것을 좋아한다. 하고 싶은 건 많지만 해야 하는 것이 무엇인지, 이의 온점을 찾기 위한 여행 중에 있다. 그 과정이 가끔 험난해도 지금 이 순간을 후회하지 않기 위해 최선을 다해 살아가고 있다. 활동적인 것을 좋아해 체육을 전공했지만, 가끔은 어울리지 않는 정적인 공간에서 따뜻한 차 한 모금과 함께 글을 쓰며 일상 속 행복과 여유를 찾아간다.

비 온 땅, 굳은 비

불어오는 바람에
들어오는 흙내음

풀에 젖은 비가
인사를 한다

우는지 웃는지
한참을 바라본다

미소 짓더니
고개를 떨구며 빗방울을
툭.
떨쳐낸다

물음표의 무덤

아무도 힘들게 하는 사람이 없는데
재촉하는 사람도 없는데
스스로를 힘들게 하지는 않는지
묻고 싶다

모든 걸 잘 해내야만 할 것 같은 압박감이
너를 불구덩이 속으로 밀어 넣고 있진 않은지
묻고 싶다

힘들진 않은지
외롭진 않은지
묻고 싶다

나는 묻는다
오늘 하루는 어땠는지

나는 답한다
그럭저럭 견딜만했다고

오늘도 내 하루를 묻는다
마음속 깊이

가로등

새벽 찬 공기
홀로 걸어가는 길에
묵묵히 불을 비춰준 너

아무도 없는 쓸쓸한 어둠 속
고개 숙이고 걸어가는 나에게
오늘 하루는 어땠는지
힘들진 않았는지
토닥여주는 따스한 빛줄기 하나
둘
셋

그 속으로 걸어가는 나의 내일은
불빛만큼 반짝일지

암흑기

어두컴컴해 아무것도 보이지 않던 밤에
잠시 무언가가 스쳐 지나갔다

짧은 찰나였지만, 눈을 감으니 그 흔적이 아른거렸다
그 흔적에 빠져있을 때 또 하나의 빛이 반짝였다

빛을 찾기 위해 두리번거렸다
아무리 둘러보아도, 누군가에게 물어보아도
찾을 수 없었다

나는 몰랐다. 그 빛은
거울 속에 반짝이던
자신의 눈동자였음을

나비

구름 위를 달려가는 달빛에
몸을 기댄 작은 날갯짓이
귓가에 바람을 속삭인다

나는 너의 빛이 되어
길을 비춰줄게

너는 나의 날개가 되어
함께 날아가줘

어둠 속 너와 내가
하나 되어
첫 비행을 떠난다

무한의 궤도 속으로

네잎클로버

바람에 흩날리던
너의 머리칼이
나에게로 왔다

스칠 듯 머물러
얼어붙은 나를 녹여주었다

너는 나에게로 불어온
네잎클로버였다

푸른 장미

네가 좋아하던 그 호흡에
발맞춰 걸을 때

지어주는 미소에
양 볼 가득한 모래알이 반짝일 때

나는 알았다
너를 향한 나의 마음을

잠에 들지 않아도 오는 내일에
해가 뜨고 지는 걸 반복할 때

번개 내린 심장에
나의 세상이 비를 맞을 때

나는 알았다. 어젯밤 내가 삼킨 시계는
고장 난 시곗바늘을 가졌음을

아기 물망초

나를 잊지 말아요
우리가 함께했던 이야기
한 페이지에 담아
작은 돛단배를 곱게 접어
그대 마음 한 켠에 띄워 보낼게요

아팠던 기억
행복했던 추억
그 모든 순간을
달빛에 새겨놓을게요

함께한 시간이 빛바랜 사진이 되고
모서리가 낡아 찢겨도
그대의 모든 계절을
나의 텅 빈 눈동자에 가득 담아 남길게요

귓가에 머물던 그대의 노랫말이
차가운 바위에 부딪혀 흩어진대도
그대 눈동자에 담긴
나의 손을 놓지 않을게요

잊지 않고 사랑할게요
함께한 모든 낮과
함께할 모든 밤을
잔잔하게 오래도록

5.2.4

5

다섯 번째 계절이 있다면
네가 좋아하는 공기의 온도와
바람의 향기를 넣어
너만의 계절을 만들어 주고 싶다

2

두 손 잡고 함께 그린
곡선의 그림자를 따라
마음껏 휘청거릴 수 있도록
널따란 구름을 선물해주고 싶다

4

사랑의 발자국이
바다 깊은 곳까지
닿을 수 있도록
널 가득 안아주고 싶다

너의 바다

파도 하나와 부딪혀
아파하는 바위 울음소리에
너의 눈물이 쓸려간다

파도 하나를 타고 나들이 온
물고기 가족 심장 소리에
너의 설렘이 밀려온다

갈매기 울음소리
끼-룩
네가 크게 웃어준다

멀리 그려진 저 석양 너머
어떤 모습을 하고 있을까
가까운 우리는

수평선

끝없는 바다 속
너를 만나
수많은 별이 반짝였다

기나긴 직선 끝
너와 마주한 곳엔
별똥별이 가득 떨어졌다

시작과 끝 사이

안녕, 매일 건네던 익숙한 두 글자가
문득 어색해진 저녁 하늘에
너와 나란히 걷는다

처음 만나 떨린 목소리로
조심스레 건넨
안녕의 끝이 다가왔다

안녕,
두 글자를 건넨 따스한 가로등 아래엔
우리의 차가운 그림자만이 남았다.

날개

엄마라는 이름 아래 눌린 무게
감춰진 큰 날개

끝내 날아오르지 못하고
큰 날개로 작은 날개를 감싸 안는다

작은 날갯짓이 세상을 향해
훨-훨- 펼쳐지면

그제야 자신의 날개를
조금씩 퍼덕여 본다

이미 헤져버린 날개는
여전히 제자리를 맴돈다

어딜 향해 날아가고 싶었나요..?
차마 묻지 못한다

날개의 주인은
자신의 비행길을 맘속에 묻는다.

엄마의 몽당연필

꿈속에서 한 아이를 만났습니다
몽당연필 한 자루 소중하게 안은 손이
검게 물든 눈 속으로 파묻혔습니다

작은 아이는 몽당연필을 지키려
더 세게 안았습니다

세상의 손은 매몰차게
아이를 넘어트리고
몽당연필을 앗아갔습니다

으앙-

아, 꿈에서 깨어났습니다
작은 아이는 온데간데없이 사라졌고
책상 위엔 조금 길어진 몽당연필 한 자루가
하얗게 하얗게 남아있었습니다.

이 달의 끝

양쪽 입꼬리 구름에 걸친
노란빛 미소가
어둠 속을 헤매고 있었다

며칠 뒤, 가득 부푼 채
이불 위로 떠오른
둥근 희망 하나가
어두운 방을 밝혔다

가을

가을은 풍요로움으로 다가와
들판을 황금빛 물결로
가득 채우고

가을은 차분히 다가와
넓은 하늘 끝에 달린
초록색 감을
빨갛게 물들이고

가을은 가만히
바람의 등에 올라
우리의 꿈과 희망을
말없이 나뭇잎에 새겨 놓는다

시작노트 /

파란색 물감을 잔뜩 풀어놓은 듯한 하늘에 솜사탕을 뿌려 놓은 듯 몽글몽글한 날이었다. 웃음 가득한 초록 잎과 하나 하나 눈 마주치며 인사를 나누던 그 순간, 누군가로부터 편 지 한 통이 도착했다.

'너의 행운을 빌어'

검은 공기 속에 살아가는 나에게, 붉은 비를 잔뜩 맞으며 걸어가는 나에게, 초록색 숨을 불어 넣어준 한줄기의 파란 햇살. 여기저기 흩어져있던 연필을 다시 주워들었다.

따뜻했던 앙상한 겨울
괜찮은 줄만 알았던 쓸쓸한 봄
괜찮지 않음을 알게 된 초록빛 눈물의 여름
다시 나만의 열매를 가득 맺을 가을

나의 곡선 그래프를 여기저기 찍어냈다.

인생은 원래 내리막길과 오르막길, 평지가 모두 존재한다 지만, 너무 울렁거리는 나의 그래프에 눈을 질끈 감았다.

어둠이 다시 나를 덮쳐버렸다. 어둠 속에서 한없이 헤엄치고 있을 때 누군가가 불어주었던 황금빛 행운이 눈부시게 손짓하였다. 그 빛을 따라 나는 무거운 발도장을 찍어내며 힘겹게 문을 열었다.

그곳에선 쓸쓸하고 차가운 새벽 공기가
파릇파릇한 초록색 세상이
구름 한 점 없는 새파란 하늘이
먹구름 낀 회색빛 하늘이
제각각 나에게 손을 흔들고 있었다.

뒤돌아보니, 모두 거울 속 내 모습이었다.
그날, 나는 그들을 전부 사랑하기로 했다.

굽어있는 고개를 들어 창문에 걸쳐진 커튼을 걷어냈다.

겨울잠을 자고 있던 나의 구름이,
서로가 만들어낸 온기로 녹아 흐른다.
내리던 비는 언젠가 그쳤고,
고개 내민 햇살에 나뭇잎 위로 맺혀있던 물방울은 반짝인다.

스물다섯의 여름,

이렇게 나의 인생 그래프에 또 하나의 색을 칠한다.

빛과 어둠이 공존했던 나의 사계절 뒤에 서서,

아프지 않으려 아프지 않기를……

홍미영

홍미영 　시만이 가지고 있는 감성과 문학적 가치를 사랑합니다. 사람을 좋아하지만 좋은
　　　　 관계에 대해서는 늘 고민합니다. 수 많은 관계 속에서 상처받은 영혼을 어루만지고
　　　　 그 속에서 아름다움을 노래할 수 있는 글을 쓰고 싶습니다.

너와 나의 계절

너와 나의 계절이 변하고 있다

설레는 봄을 덤벙덤벙 건너
겁 없는 여름을 불태워 버리고
찬란한 가을이 떨어지고 나니
우리의 겨울은 적막하리만큼 쓸쓸했다.

변했구나.

변하고 또 변하면
그 끝은 오고야 말겠지

너도 아니다
나도 아니다

변하는 건 그저

끊임없이 반복되는 너와 나의 계절

나의 작은 단짝 친구

먹이고 입히고 씻기고 재우고
내가 너인지 네가 나인지
오늘도 뒤엉켜

하나부터 열까지 가르치고 알려주고
너의 마음마저 정해준 건 아닐까

사고 치면 수습하고 잘못하면 야단치다
뜻대로 되지 않는 건 너일까 나일까

아득해져 문득
고개를 돌려보면 언제나 나를 보며 웃고 있는

나의 작은 단짝 친구

내 얘기를 제일 많이 들어주는
나를 가장 사랑해주는
마음마저 기댈 수 있는
사람
작은 사람

사랑에 빠진 심장

내 가슴 속에
사랑을 지피고 사는 생명체

보고만 있어도 살캉살캉
심장이 간지러워

예쁘고 고운 얼굴 담고 또 담아
말랑말랑 심장 가득히 채우고 싶어

돌아서면 희미해질까
보고 또 보고
미소를 주고 받는다

61병동 6월 11일

심장을 그었다

더 좋은 엄마가 되라고 내는 신의 생채기
좋은 엄마가 못 돼서
그래서인 것만 같아서
자꾸만 잘못을 곱씹어

맞아,
그게 이유야
내 탓이니까.. 내가 잘 할 테니까..
제발…

빌고 기도하고 새까맣게
타 들어 가는 밤

실체적 진실은 필요한가

우린 항상 그런 기분을 느끼지

공부하고 있는 것 같은 기분
책을 읽고 있는 것 같은 기분
대화를 하고 있는 것 같은 기분

슬픈 것 같은
기분

기분을 느끼고 있지

모래 일상

눈을 뜬다
오늘이 시작된다.
어제처럼, 내일처럼, 혹은 그 언젠가처럼

수평선 다다라 다시 수평선 나타나듯
우리의 일상은 그렇게 끝 없이
지루한 연속됨이었지

어쩌다 혹 불어 버린 바람에
삐끗 걸려 버린 발걸음에
쿵 떨어지는 심장과 함께

한 순간에 사라져버리기도 한다는 걸

시간을 되돌리고 싶은 그 날에
깨닫지는 말아야지

경계선

싫은 건 아닌데 싫어
오늘은 더욱

_____

여기까지만.

더 이상 다가오지마
가시가 돋아나
찌르고 싶지 않아

싫은 건 아니야
상처 받지 말고
상처 주지도 마

휘청거리는 나를 너무 가까이서 지켜보지 마

우울의 늪

빛 한줄기 들어오지 않는 방구석에 이불까지 겹겹이 뒤집어
쓰고 세상과 철저히 단절시킨 채 오롯이 내 생각 속으로만
파고 든다. 나를 이렇게 슬프게 만든 그 모든 것에 대해서 끝
없이 생각한다. 생각에 생각을 더해 이럴 수 밖에 없는 수만
가지 이유가 태어난다.

수만 가지 이유들은 누구도 반박할 수 없는 철저한 논리가
되어 비뚤어진 마음을 단단한 철옹성 안에 가둔다.

그렇게 자기 자신을 묻어 버릴 깊고 깊은 땅을 파고 있다

밝고 눈부신 햇살만이 야속하게 창문을 두드리고 있을 뿐이다

꼰대가 될지언정

삶의 규칙을 차곡차곡 쌓아 올려
빼곡히 경험을 끼워 넣고
흔들릴 리 없는 줏대로 이어 붙여
단단히 굳혀

스치는 옷자락에도 휘청거리는 심장을 겨우 부여 잡고
타인이 만든 세상을 탓 하기 전에

너만의 길 위에 우뚝 서

화

너무 싫어 자꾸 상상해버렸던 장면이
결국 눈 앞에 펼쳐지는 순간

조급한 내 마음은 나 몰라라
딴 세월을 살아 가는 너를 보며

사랑은커녕 진심 한 방울
인간적 공감 한 톨도 느낄 수 없음에

눈물로 가득 찬 심장을
거친 돌덩이로 짓누른다

火
불이 났다

시원하게 타올랐지만

모든 것을 재로 만들고
시꺼먼 그을음만 남겼다

옆집까지 홀랑 불태워버렸다

친절한 타인

외운듯한 미소로
적당히 적절하게 대답을 고른다

원하는 게 분명한 친절이라도
이 넓은 우주 가운데
한 점에서 만나 서로를 마주하지 않았는가

누굴까, 내 앞의 당신

누군가의 꽃이었을…
어디선가 빛이었을…

시작 노트

　깨끗하게 씻은 얼굴로 거울을 보며, 머리를 단정히 빗어 넘기고 옷 매무새를 말끔히 다듬는다. 눈을 한번 부릅뜨고 정돈 된 마음가짐을 부여 잡으며 나에게 주어진 일들과 소중한 사람들을 위해 또 한 걸음 한 걸음을 내딛는다. 딱 한 걸음만 생각하면 된다. 한 걸음을 땅에서 떼어서 조금 앞에 갖다가 내려 놓기만 하면 된다.. 그리고 또 다시 한번, 또 한번.. 그렇게만 하면 앞으로 나아갈 수 있다.

　그런데 그 한 걸음을 내디딜 수 없는 날이 있다. 머리로는 알고 있지만 사지가 굳은 듯 그 단 한 걸음이 떼어지지 않는 날이 있다. 말에 다치고, 역할에 짓눌리고, 너와 나의 바램이 뒤엉켜 단 한 걸음의 희망도 남아 있지 않을 만큼 지쳐버리는 날들이 있다.

　그렇게 길 잃은 지친 마음들이 더 이상 길을 잃고 헤매지 않도록, '그랬구나', '많이 힘들었겠구나' 라고 다독여 주고 싶다. 어쨌거나 피어난 마음들을 더 이상 말끔한 얼굴 뒤로 숨기지 않아도 되도록, 그냥 그랬다고… 그럴 수도 있었겠다고 말해주고 싶다.

　그런 다음 그 감정의 소용돌이 안에서 몹시도 사무쳤을 아름다움을 노래하고 싶다.

오늘이 있어 참 다행이다

김민수

김민수   사색을 좋아하고 낙서하는 걸 좋아했다. 학창 시절 제법 운동도 잘했지만, 몸 움직

이는 일보다는 나름 철학과 종교에 심취해 나무 그늘이 정신적 놀이터요 땅바닥이

낙서장이었다.

17세 때 출가를 생각했지만 무산됐다. 지금은 내 숨결이요 모든 것인 아내와 하늘,

땅, 해, 달, 바다, 노을을 바라보며 이쁘게 살아가고 있다. 소중한 아이도 셋 두었다.

나의 업적이다.

남들 살아온 만큼 사연도 있지만 훌쩍 불혹의 나이를 지나 지천명의 나이가 되어보

니 새삼 복잡하고 번잡한 게 싫다. 하루하루 내게 주어진 오늘을 감사하며 살고 있다.

이메일: gideh@naver.com

봄꽃

아가, 참으로 귀여워라
겨우내 언 땅 뚫고 나온 용기
어디에 있을꼬?
여기저기 앓는 소리
아랑곳하지 않고
길모퉁이 한곳에
제소리 낮춰 조용히 피었구나!

보아야지 이리 이쁜 것을
그냥 지나칠 수 없어
내 너를 눈에 담노라.
해님도 내 맘 같아
그 앙증맞은 꽃잎 위
영롱히 앉았구나!

살포시 떠는 잎 안아주고 싶지만
여린 잎 다칠까
손가락만 살짝이 가져다 대었네

아가,

한적한 곳에 피어났어도

알아보는 이 하나 없어도

누군가 노래할지니

네 피어난 사연 알아줄 이 분명 있으리

참 오늘 너 눈이 부신다.

그녀를 닮았네

내 너를 몰랐구나!
그리 피어난 줄
언제 그리 작고 어여쁜
꽃잎 피웠더냐?
애썼구나, 애썼어
그 노고 내 어찌 모를까!

품고 품은 기다림
뜨고 진 달빛과 그리움 먹고
숱한 밤과 날들을 기다려
거칠고 단단한 세상
한 줄기 한곳을 뚫고 나올 때
소복소복 그리 울음 터트렸구나!

눈에 안긴 향기
그윽한 매력 누구를 닮아,
흩날리는 널, 보내기 싫어
다솜다솜 가슴을 열어 안 는다.

보면 볼수록 더할 수 없이
높고 순수한 그녀를 닮아
들뜨는 마음 어쩔 수 없구나!

너의 봄이 되어라
너의 축제의 날이 되어라
이 한철 이쁘게 피다 가려무나!
이 봄 너로 인해 즐겁구나!

홍 화

파란 하늘 붉은 꽃잎
잔가지 가득 피었구나!
낯선 이의 시선 부끄러워
그리 가득 빨간 얼굴 한 것이냐?
수줍어 마라
너 이쁘게 피어
이 계절 충분히 빛나노니
살랑이는 봄바람
찾아온 작은 새 지저귐
너에게 입맞춤하는
벌들의 날개짓, 만끽하여라!

얼굴 붉히지 마렴
주어진 너의 좋은 시절
힘껏 살자꾸나!
한껏 살자꾸나!

너의 봄은 아직 한창이니
이 봄을 누리려무나

나무가 전하는 이야기

피고 지고 울고 웃고
웃고 울고 지고 피고
고목에 핀 꽃이 더 아름다운 건

어느 해, 어느 달, 어느 시
듣고 본 사연 소중히 담아놨다가
송이송이 소홀함 없이
전해주기 때문인 게지

세상사 모든 사연 다 좋을 리 없으련만
쓰디쓴 얘기도 지나고 나면 추억이라 했던가?
부산한 벌들의 달콤한 날갯짓
작은 새 찾아들어 수다를 떠내
저 많은 사연 다 헤아릴 수 있을지
이 봄 참으로 짧을 듯하네!

제가지 어디쯤 움텄다
꽃잎 알알이 품은 속내
다 풀어내어 놓기도 전에
얄궂은 비에 떨어져 간 사연들
슬퍼 마라 돋아난 잎새

잊히는 기억이 더 아름답다는 것을
애써 참는 울음보다 웃음이
더 독이 된다는 것을 알게 되면
어느새 겹겹이 쌓인 세월의 태

그래도 잊지 않고 봄을 기다려
다시 피고 지고 울고 웃는 것은
떨어져 스며든 뿌리의 기억
발밑에 쌓인 뿌리의 연민

피고 지고 울고 웃고
웃고 울고 지고 피고
마음에 품은 사연 세월이 되네.

길조(吉兆)

하루의 끝자락

붉게 물드는

초록 봄들에 서서

한껏 피어오르는 봄 향기

가슴에 담네

문득, 멈춰 선 자리

흐르는 듯 멈춘 듯

유유히 흐르는 저 강물처럼

안으로 안으로 숨죽여 지켜 온

삶과 시간을 꺼내어 보네.

살포시 입가에 번지는 미소

때마침 불어온 바람

위로가 되고

마음을 들킨 눈, 하늘을 보내

가벼운 산책길에 만난

길조…!

좋은 일이 생길 것 같네

숱한 만남과 이별을 품은

저 늘어져 누운 길처럼

저마다 가슴 한편에

아련한 시간이 잠들어 있네
오늘처럼 내일도 좋은 날 되기를
지는 강, 흐르는 해 보며
두 손 모았네!.

시골 카페

시골 카페 한적한 배 꽃향기
창 너머 스며든다.
한차례 빠져나간 손님
오후의 주말 카페는
멈춘 듯 시간이 여유롭다.

소울 가득한 노래
풀 내음에 젖어들 때
부산한 정원 조용히 지나
굽은 세월의 무게 오랜 지팡이
노인에 의지하며 들어선다.

햇살에 눈이 부셔서일까?
촉촉이 젖어있는 눈가.
낯선 이를 경계하지 않는 그녀는
나를 보고 방긋 웃는다.
"이쁘다 이뻐, 젊은것들은 이뻐!"

몇 번의 오고 갈 계절
기약할 수 없지만

어느 소녀적 때와 다름이 없이
마냥 즐거운 듯 하다.

따스한 볕이
서쪽으로 기울어 간다.

들뜬 전화기 꽉 잡은 목소리로
오빠를 연신 불러대는
그녀의 들뜬 맘이 올드팝송의 리듬을
타고 초록의 뜰에 내려앉는다.

석양 그림자 길게 드러눕는
카페 소파에 해묵은 잡지도 몸을 뉘면
문을 나서는 늙은 소녀의 되새김 말
"젊은것들은 이뻐, 이쁘다 이뻐!"

구부정한 그림자
불타는 초록의 뜰에 길게 허리를 편다.

중년의 아침

'아이고 깜짝이야'!.
거울 앞에 선 중년 남자
마음과 다른 희끗희끗한 모습
귀밑머리 어쩔 거야!
인정할 수 없는 슬픔
단단해진 심장을 울린다.
나를 위한 기도는 몰라
나를 위한 꿈은 당연한 사치지
살아온 삶 망각이 없다면 호흡곤란
허허 그나마 위로가 되네

단단한 껍질을 뒤집어쓴 심장
웬만한 세상 이야기엔 덤덤하지
설렘은 봄날 벚꽃 날리듯 잠시
피로감 쩐 일상은 까매 건강미 넘치지!
썬 크림으로 가린 검버섯 한두 개쯤은 훈장!
여유 돈 생기면 꼬옥 피부과 가서 너 떼어내리
식탁에 가득한 고지서 반찬 삼아
허둥지둥 몸을 챙겨보지만
"개뿔, 피부과는 패스!"

아내의 포옹 긴급투여

역시 내 피로 회복제는 당신이야.

얼른 다녀올게

씨익 웃으며 집을 나선다.

아내의 생일

어쩌다 이곳에 떨어져
내 사랑이 되었소
이 넓은 우주 이 하늘
이 땅에 태어나
어쩌다 내 가슴에 피었소

혹 무슨 죄지어 날개를 떼였소?
저 높고 빛나는 그 자리 마다하고
어쩌다 내게로 왔소

보잘것없는 나에게로 와
이쁜 세 아이를 낳아주고
소중한 사람이라
최고라 불러주는 당신
다음 생도 함께하자
찾아달라 말해주는 당신
고맙고, 사랑하오

하늘이 내게 허락한
유일한 사치라면

당신을 사랑하는 일이요
내 있는 힘 다해 사치하려 하오

당신이 이 세상에 온 날이
내게는 그 어떤 날보다 행복한 날이오
생일 축하하오

님 마중

내게 오는 너를 생각하면
마냥 뛰는 가슴,
애써 다독여 본다.

흐려진 눈으로
오실 곳 바라보다
저 멀리 친숙한 실루엣,
심장보다 눈이 먼저 안 는다.

또각또각, 한 걸음걸음마다
새기는 설렘,
저만치 앞서간 내 그림자.

오늘도 무사히 돌아와 주었구려
고맙고 고마워 내민 손
환한 웃음 되어 손을 잡는다.

그대라 사랑이오.

평강은 바보 온달을
장군으로 만들고
당신은 날 속 좁은 놈으로
만들었구려!
어쩌다 큰 우주를 닮고 싶고,
그리 살려던 사내의 마음을
그리 만들었소?

재주도 좋소, 그래도 좋소
뭐라 해도 좋소
당신을 담을 수 없는 우주보다
당신을 담을 수 있는 내 속이
나에겐 더 큰 의미라오!

그 속도 들여다보면
우주가 모르는 큰 뜻을 품을 수 있다는 것을
들여다보기 전에 모른다오!

그대라 그렇소
그대라 사랑이오

이 우주 간 누군가를 사랑하고
사랑을 받는다는 건 축복이오
오늘도 사랑이오
내일도 그럴 것이오

그대라 그렇소
그대라 사랑이오

사랑앓이 I

사람이 사람을
사랑한다는 것이
얼마나 아름다운 일인지
계절의 끝자락에 날리는 상념

지는 해와 떠오르는 달로 이불 삼고
고락을 팔 베게 삼아
온전히 견디어낸
달콤함을 함께 하고 나누는 이가
내 고동 소리에
귀 기울이고 춤추며
어루만져 주는 이가
사랑이라 불리는 그것이,

밤새 꾸벅꾸벅 졸며
제 역할을 다하려 애쓴 가로등 뒤로
어슴푸레 밝아오는 아침을
함께 맞이할 수 있는 이가
그 아름다운 이름이,

다름 아닌 당신이기를

간절히 두 손 모아봅니다.

조 화

넌,
향기가 나지 않아!

늙는 게 슬퍼
시드는 게 싫어
네 본질을 내어주고
젊음을 샀구나!

도도한 인공의 자태로
시간을 무릎 꿇리고
온기 없는 고귀함으로
화려한 영생을 꿈꾸지만
벌, 나비 찾아들지 않는
고독함, 생각이나 했을까?

넌,
행복해 보이지 않아

태생부터 달라
쇼윈도 화려한 조명

목마른 화분이 네 집
수많은 시선 의식하며 살지

바위틈, 길모퉁이,
무너진 담벼락,
아찔한 절벽 끝 .
위험한 아스팔트 옆
모진 풍파 견뎌내야!
진한 향기를 뽐내는
진열장 밖 그들은,
늙는다네
시든다네
고독하지도
목마르지도 않다네!

찾아오는 벌 나비 있어.
향기롭다네!
그래서,
행복하다네!

상념

생강차 한 모금
그 뒤끝 작렬한
쌉쌀 달콤한 매력에
가슴 깊은 탄성 터져 나온다.

뜨끈한 차 한 잔은
일상에 지친 몸을
잠시 휴식으로 이끌고
창 너머 먼 시선
도심 아파트 숲을 헤집는다.
수많은 군상이
저 숲에 둥지를 틀고
나름대로 날갯짓하고
나름대로 지저귀며
들숨 날숨을 반복하며 사는게지..!
모든 숨 쉬는 것들은 그렇게 사는게지..!

눈치 없는 이의 손놀림이
바쁜 일상으로 복귀를 재촉하고
뒤끝 강렬한 생강차

채가시지 않은 상념 도리질하고
소리 없이 쥐어본 주먹
허공을 가른다.

짧아진 가을 햇살이 주홍빛으로
물들고 있다.

같은 병 같은 생각

부서지는 햇살, 창가에 선 길래
염치없이 살짝 등 내밀었네
작심해 맞춰 놓은 알람 소리
딴짓하다 들킨 멍한 눈
넉살 좋은 눈꺼풀 하품을 하네.

무거운 의자 위 가벼운 엉덩이
고지서 가득한 책상 어쩔 줄 모르고
대 둘, 중 하나, 그리고 너와 나
역광으로 빛나는 그곳 무지개가 뜨네.

엉거주춤 구경난 듯
홀연 날아와 앉은 놈
하필 처연한 가지 홀로 앉았네.

마주친 눈 서로 멋쩍어
끔뻑끔뻑 서로를 훑다가
행여 외로워 찾아왔나?
맥없는 손짓에
웬걸, 요놈 바라 반기듯 오네!

나도 혼자 너도 혼자
같은 병을 앓고 있구나!

나른한 오후에 일과란
참 맛없는 차를 마시는 것 같다
'저 어린놈 날개를 다쳤나 가지를 않네
어설픈 처녀비행 후 꾀가 난 건가?'
같은 병을 앓고 있구나!

"힘내야지. 넌 할 수 있단다."
어쭙잖은 응원 듣기 싫은지
'아저씨나 잘하셔' 비웃듯
고약한 녀석 하늘을 나네
멋쩍은 기지개
무지개 가득 품은 사진 속 조용한 환호
어서 가자 해 떨어질라

인생 어디쯤에서

길 가는
노인 부부의 모습 뒤로
붉은 낙엽이 지네
잡은 손 놓칠세라
거동 불편한 마나님 걸음 맞춰
뒤따르는 노인의 마음!

어지럽고 힘든 세상 다 보내고
한세월 등에 지고
열심히 산 노인의 휘어진 허리
석양에 길게 그림자를 드리우네

소녀처럼 즐거워하는
늙어버린 아내를 보며
다정스레 미소 짓는 눈
젊었던 어느 시절이 생각 난 것일까?
멈춘 걸음 벤치에 쉬고
서로를 향해 웃어주는
노부부의 모습에 오버랩 되는 너와 나

아! 세월이 흘러 뉘 있어.
눈에 넣어도 아프지 않을 내 사랑을 위해
손잡고 걸으며 함께 웃어줄 수 있을까?
이 계절 함께했던 우리의 아름답고
예뻤던 생을 기억해줄까!

가을바람 돌풍 되어
내 주변을 맴돌다 사라져간다.

아버지의 바람

참 좋다!
고된 일로 며칠 밤을
아파 시달린 몸뚱이지만, 그래도 좋다

나를 아빠로 만들어 준
첫 아이의 생일
내 인생에 항상 처음이라는
이름표를 붙여준 아이
모든 게 서툴고 모자란 아빠였는데
어엿하게 잘 자라주었구나!

이제 성인이 된 우리 아가
언제나 넌 아빠와 엄마의 기쁨이었음을
잊지 않기를 바래…!
이제는 아빠의 그늘이 좁겠지만
언제든 힘들면 살며시 기대도 좋단다.
아직 아빠의 품이 그 정도는 된단다.

사내는, 남자라는 그 이름 하나만으로
짊어져야 할 무게가 있음을
이제는 조금씩 느끼고 알아가겠지.!

힘내거라 아가야!
어떤 일에 있어서든
아름드리 커다란 나무처럼
품고, 인내하고, 그늘을 내어줄 수 있는
멋진 사내가 되어라

세월이 더 흘러
한 여자를 만나 사랑하고
네가 너의 아들을 낳아 품어 줄 수 있고
너의 울타리를 견고히 지켜 낼 수 있는
멋진 기둥이 되어주기를 바란다.

그리고 세월이 더 흘러
아빠가 세상을 떠난 후
내 무덤가에 작게라도 속삭여 다오
아빠 아들이라서 행복했다고
아빠처럼 열심히 살겠노라고

다시 한번 성년이 된 걸 축하하고
마지막으로 아빠가 사랑하는 여자
널 낳아준 네 엄마의 은혜를 잊지 않았으면 좋겠다.

'아들, 내게로 와줘 고맙다.!'

우리가 이쁘다.

눈 덮인 돌담 넘어
산사의 높고 넓은 도량도
오랜 세월 설악을 품고 자란
노송들의 깊은 심성보다
태백의 기세를 맘껏 뽐내듯
하늘 향해 치솟아 오른
설산의 기백과 풍류도
오늘 우리 사랑보다 멋지지 않네

내가 멋지다
네 웃음이 보배다
날 바라보는 네 눈이 더 깊고
널 품고 세상을 뛰노는
내 기백이 하늘이다.
네가 더 이쁘다.
내가 더 멋지다.
우리 사랑이 최고다.

탈고를 앞두고(부제:10인의 비망록)

고뇌는 세상 모든 것을 품는

혜안(慧眼)을 갖게 하는 우리의 양식(糧食)

선각(先覺)의 자취 따라

김 서린 안경 너머 꼭 쥔 술잔

민초의 희, 노. 애. 락 담아 마시며

수없는 밤, 펜 대를 세워본다.

상상의 날개여 돋아나라

현실을 박차고 일어설 튼실한 아가여!

애처로운 어깻죽지 사이로

자생의 깃털 한 움큼 쥐고

지친 산모 옆 애틋하게 돋아나

수려한 자태를 만들어 주렴

박한 세상 그냥 되는 건 없지

시련은 당연한 진통

영혼을 쥐어 짜낸 마지막 비명

영롱한 보석이 되고, 비로소

숙연하게 바라보는 엄마가 되지

서로를 바라보는 눈빛

혜애(惠愛)하여

진정 내 속으로 낳았나?

손가락도 깨물고 부벼도 보고
연거푸 불러보는 내 새끼
우여곡절 먼 길 돌아
홍실 청실 맺듯 만난 너
미련 남지 않도록
영과의 몸으로 태어나리라.

여기 모인 십 인의
한없이 멋진 마음들이 모여
솔 향기 가득한 세상이 되기를....!.

시작노트 /

자연이 주는 위로와 가르침

숲은 치유의 능력을 가지고

누구를 가리지 않고 찾아드는 이를

품어 줄 수 있는 만큼 품어주며

감춰줄 수 있는 만큼 안아주는데...

-중략-

태양을 향한 열망이 큰 만큼

생에 대한 뿌리의 근심이 깊은 만큼

앞다퉈 치솟는 치열함 속에서도

안으로 안으로 쌓아 두른 아픔이 크면 클수록

더 자신을 크게 내어주는 고목처럼 살아야 한다.

초록이 주는 안정과 편안함을 따라

모기떼가 극성이다.

자존감일까? 욕심일까?

또 꼬리를 무는 쓸데없는 생각에

오늘은 생각을 멈추어야겠다.   - 불청객 中-

"고뇌는 시인의 양식이다."

　한적한 길모퉁이에 피어난 귀엽고, 사랑스러운 봄꽃을 만나고 봄, 여름, 가을, 겨울 그렇게 이십삼 년을 변함없이 나를 사랑해주고 믿어준 아내와 가슴으로 품고 사는 세 아이 그리고 내가 아는 모든 이들과 언제나 찾아드는 계절을 누리며 오늘도 살았다. 내 시의 글감이며 주제들인 그들을 나는 사랑한다. 이번 작품들을 올리며 소소한 내 주변에 일어나는 일들과 현상들을 느끼는 그대로 내 감정선을 따라 진솔하게 표현하고자 했다. 미숙 한 점이 많아 부끄럽다.

시인의 고뇌는 사물의 본질을 직관하고 표현할 수 있는 능력을 갖게 해주는 것 같다. 시집을 함께 낸 우리는 주어진 다양한 위치에서 각자의 삶을 살아왔다. 시대를 바라보는 시각과 생각, 환경과 여건, 시를 쓰고자 한 동기는 다를 수 있지만, 그것을 표현하는 방식에 있어 같은 길을 가는 사람들이다. 그동안 자기 속에 담아두고 가끔 꺼내 보던 제멋대로인 시들을 공유하며 서로에게 좋은 에너지를 주고받을 수 있는 시간이 되어 너무 행복했다.

시는 시인의 자식이다. 글감을 통해 잉태하고 힘든 임신기를 거쳐 출산의 고통을 통해 세상에 내놓는 아이처럼…. 시집을 내며 창작의 고통에 온 힘을 다한 작가분들과 관계자분들 특히, 여한솔 작가님의 노고와 애정 어린 가르침에 감사를 드린다.

"낙화(洛花)가 유수(流水)를 만나 그 여정(旅程)이 아름다울 수 있기를 바라듯, 유수가 낙화를 만나 그 행보(行步)가

향기롭기를 바라듯, 함께한 모든 이들의 인생 여정도 향기롭고 아름다울 수 있기를 바란다." 지나간 오늘은 추억으로 현재의 오늘은 기쁨과 사랑으로 다가올 오늘은 희망으로 나는 그렇게 오늘을 살아가며 노래할 것이다.

오늘이 있어 참으로 다행이다!

반짝이는 별들 속 우리

발행 2022년 9월 20일
지은이 손연우 고혜선 서혜진 김지수 김애자 박영숙 심상현 박시영 홍미영 김민수
라이팅리더 여한솔
펴낸이 정원우
펴낸곳 글ego
출판등록 2019.06.21 (제2019-000227호)
주소 서울특별시 강남구 테헤란로216, 12층 A40호
이메일 writing4ego@gmail.com
홈페이지 http://egowriting.com
인스타그램 @egowriting

ISBN 979-11-6666-179-2